THICH NHAT HANH

Cómo sonreír

Traducción de Antonieta Martín

editorial Kairós

Título original: HOW TO SMILE by Thich Nhat Hanh

Numancia 117-121, 08029 Barcelona, Spain
www.editorialkairos.com

Primera edición: Septiembre 2024
ISBN: 978-84-1121-285-4
Depósito legal: B 9.968-2024

Fotocomposición: Florence Carreté
Tipografía: Californian, cuerpo 10,5, interlineado 16

Impresión y encuadernación: Índice. 08040 Barcelona

Sumario

Notas
sobre sonreír

Tenemos una lámpara dentro de nosotros,
la lámpara de la plena consciencia,
la cual podemos encender en cualquier momento.
El aceite de esa lámpara es nuestra respiración,
nuestros pasos y nuestra sonrisa pacífica.

Si en nuestra vida diaria podemos sonreír, si podemos estar en paz y felices, no sólo nosotros sino todos los demás serán beneficiados.

Éste es el trabajo básico para la paz.

Una sonrisa puede relajar cientos de músculos en tu cara y también relajar tu sistema nervioso. Una sonrisa te convierte en maestro de tu ser.

La esencia de nuestra práctica puede ser descrita así: cambiar el sufrimiento por la felicidad. El método básico es vivir en plena consciencia para poder ver las cosas que son frescas y hermosas en el momento presente.

La vida está llena de sufrimiento, pero también está llena de muchas maravillas, tales como el cielo azul, la luz del sol, los ojos de un bebé. Sufrir no basta. Debemos también estar en contacto con las maravillas de la vida. Están dentro de nosotros y en nuestro derredor, en todas partes, en cualquier momento.

Reconocer y aceptar

Si podemos reconocer y aceptar nuestro dolor sin huir de él, descubriremos que dolor y alegría pueden convivir.

Recuperar nuestra soberanía

Durante la meditación andando, sentada, trabajando en la cocina y el jardín, todo el día, podemos practicar la sonrisa. Al principio quizá sea difícil, pero tenemos que pensar por qué es así.

Los sucesos de la vida nos pueden sobrepasar y hacer que nos perdamos. Una sonrisa puede ayudarnos a recuperar nuestra soberanía, nuestra libertad como seres humanos. Sonreír significa que somos nosotros mismos, que no estamos ahogados en el olvido.

El arte de la felicidad y el sufrimiento

Poder disfrutar la felicidad no significa que no tengamos sufrimiento. De hecho, el arte de la felicidad también es el arte de saber sufrir. Cuando aprendemos a reconocer, abrazar y comprender nuestro sufrimiento, sufrimos menos. Podemos aprender de nuestro sufrimiento y podemos transformarlo en comprensión, compasión y alegría por nosotros y por otros.

Nuestro sufrimiento es el compost

Un ser humano debe tener la capacidad de lidiar tanto con el sufrimiento como con la felicidad. Ambos son orgánicos, transitorios, cambiantes. Una flor, cuando se marchita, se convierte en compost. Nuestro sufrimiento es el compost que permite que las flores de la felicidad vuelvan a crecer. Tenemos que aprender cómo manejar nuestro sufrimiento, igual que el jardinero orgánico maneja el compost.

Practicar la sonrisa

Hay cientos de músculos en tu cara y cada vez que inhalas, exhalas y sonríes, sueltas la tensión. Hay relajación. Quizá te preguntes por qué debes sonreír si no estás alegre. No necesitas alegría para sonreír, puedes practicar yoga con tu boca y sentirás alivio de inmediato. Algunas veces la alegría es la causa de tu sonrisa, algunas veces tu sonrisa causa tu alegría. ¿Por qué discriminar? Donde sea que te encuentres, practica inhalar y exhalar. Con el tiempo, estarás en calma y tu sonrisa se volverá real. Cuando practicamos estar en paz y tenemos la capacidad de sonreír, nuestra paz puede repercutir en todo el universo.

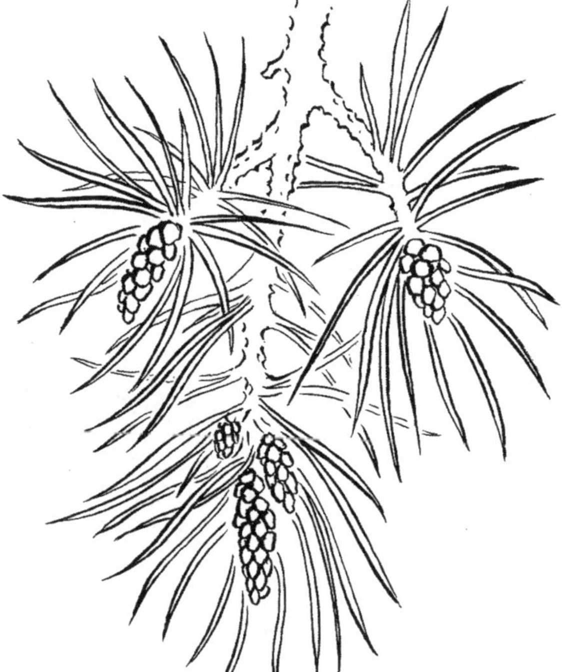

Pino de montaña

Existen algunos pinos de montaña que crecen en tierra no muy fértil en las laderas de las montañas, donde hay muy pocos nutrientes para que las semillas germinen y crezcan. Pero debido a dicha dificultad, este pino tiene la oportunidad de profundizar en la tierra y volverse muy fuerte, así que el viento no puede tirarlo. Si el pino encuentra solamente condiciones fáciles en el camino, sus raíces no profundizan y no están tan firmes en la tierra, entonces si viene un viento fuerte, el pino puede caer. Algunas veces los obstáculos y las dificultades pueden ayudarnos a tener éxito.

Florecer

Cuando notamos la presencia de la ira, el miedo o la agitación en nosotros, no necesitamos deshacernos de ellas. Solamente necesitamos inhalar y exhalar conscientes y abrazar la emoción con plena consciencia. Esto basta para calmar la tormenta. La plena consciencia es como la luz de la mañana sobre una flor que estuvo cerrada durante la noche. La luz del sol la abraza, la permea y la flor empieza a abrirse. No se requiere esfuerzo. No necesitamos esperar a que llegue la tormenta antes de comenzar a practicar. Cuando no tenemos ningún sufrimiento, la respiración consciente nos hará sentir de maravilla y ésta es la mejor manera de prepararnos para lidiar con los problemas cuando lleguen.

Prevención de una segunda flecha

Si te atravesara una flecha, sentirías dolor. Si una segunda flecha te llegara al mismo lugar, el dolor sería muchas veces más fuerte. Las cosas que nos suceden y que no son bienvenidas en nuestra vida son como la primera flecha, nos causan dolor. La segunda flecha es nuestra reacción que magnifica el sufrimiento. Podemos prevenir el disparo de la segunda flecha simplemente estando presentes con el sufrimiento verdadero. Esto nos permite mirar las cosas que hay por las que debemos estar agradecidos, las cosas que no marchan mal. La felicidad es posible de inmediato, aunque no todo sea perfecto.

Nosotros podemos escoger el canal

Un amigo me preguntó una vez: «¿Cómo puedo forzarme a sonreír cuando tengo tanta tristeza? Eso no es natural». Le respondí que tenía que sonreír a su tristeza, porque nosotros somos más que nuestra tristeza. Un ser humano es un televisor con millones de canales. Si encendemos el canal de la consciencia, somos conscientes. Si encendemos el de la tristeza, somos tristeza. Si encendemos el de la sonrisa, somos la sonrisa. No podemos permitir que un solo canal nos domine. Tenemos las semillas de cada cosa dentro de nosotros.

La semilla del despertar

Los niños pueden ver que en cada persona existe la capacidad de despertar, comprender y amar. Despertar significa estar consciente de lo que sucede en tu cuerpo, tus sensaciones, percepciones, y también de lo que sucede en el mundo. Nuestra naturaleza despierta es nuestra capacidad de comprender y amar. Debido a que la semilla del despertar está ahí dentro de nosotros, deberíamos darle la oportunidad de mostrarse. La sonrisa es muy importante. Si no podemos sonreír, entonces el mundo no estará en paz. No es sólo participando en una marcha que podemos traer la paz. Es con nuestra capacidad de sonreír, respirar y ser paz que podemos construir la paz.

La sonrisa del Buda

Cuando era un joven novicio, no podía comprender por qué, si el mundo está lleno de sufrimiento, el Buda tenía esa hermosa sonrisa. ¿Por qué no le perturbaba todo el sufrimiento? Más tarde me di cuenta de que el Buda tiene suficiente comprensión, calma y fuerza para que el sufrimiento no lo sobrepase. Él puede sonreír al sufrimiento porque sabe cómo cuidarlo y ayudar a transformarlo. Tenemos que estar conscientes del sufrimiento, pero mantener nuestra claridad, calma y fuerza para poder ayudar a transformar la situación. Un océano de lágrimas no puede ahogarnos si hay dentro de nosotros comprensión. Ésta es la explicación de por qué la sonrisa del Buda es posible.

La meditación es estar conscientes

Meditar es estar conscientes de lo que está sucediendo, en nuestro cuerpo, nuestras sensaciones, en nuestra mente y en el mundo. Cada día miles de niños mueren de hambre; las plantas y los animales se extinguen y las potencias nucleares tienen suficientes armas para destruirnos muchas veces. Aun así, la salida del sol es hermosa y la rosa que se abrió esta mañana junto a la pared es un milagro. La vida es tan terrible como maravillosa. La práctica de la meditación es ponerse en contacto con ambos aspectos. Por favor, no pienses que debemos ser solemnes para meditar. De hecho, para bien, tenemos que sonreír mucho.

Calmar nuestros pensamientos

Cuando practicamos estar conscientes de nuestra respiración, nuestros pensamientos se detienen y nos damos un descanso real. La mayor parte del tiempo, pensamos demasiado. La respiración en plena consciencia nos ayuda a calmarnos, relajarnos y estar en paz. Nos ayuda a dejar de estar poseídos por las tristezas del pasado y las preocupaciones del futuro. Nos permite estar en contacto con la vida y darnos cuenta de que tenemos más condiciones de las que creemos para ser felices.

Tocar la paz

Cuando nos sentamos pacíficamente, respirando y sonriendo, conscientes, somos nuestro verdadero ser, tenemos la soberanía sobre nosotros. Practicar la meditación es estar conscientes, sonreír, respirar. La alegría de empezar a meditar es como salir de la ciudad llena de gente e ir al campo y sentarnos debajo de un árbol. Nos sentimos llenos de paz y alegría. ¡Qué alivio!

Podemos meditar sentados, lo que nos da mayor estabilidad, pero también podemos meditar mientras caminamos, nos recostamos, estamos de pie o hacemos cosas. La meditación puede ser muy informal.

La alegría de la meditación

En cada sesión de meditación sentada o caminando, podemos nutrirnos de la alegría de la concentración meditativa, estando conscientes de nuestra respiración, calmando y relajando nuestro cuerpo y tocando las condiciones que nos traen alegría y felicidad en el momento presente. La meditación nos ayuda a recuperar la paz, la solidez y la armonía en nuestro cuerpo para que podamos sufrir menos y progresar en nuestro camino espiritual. La alegría y el deleite de la meditación nos sostiene en nuestro camino de práctica y nos da fuerza para mirar de manera más profunda nuestros sentimientos y situaciones difíciles.

Media sonrisa

Un pequeño botón de una sonrisa en nuestros labios nutre nuestra consciencia plena y nos calma de manera milagrosa. Nos devuelve la paz que pensamos que habíamos perdido. Nuestra sonrisa traerá felicidad tanto a nosotros como a los que nos rodean. Aunque gastemos mucho dinero en regalos para cada uno en la familia, nada que compremos podrá darles tanta felicidad como el regalo de nuestra plena consciencia: una sonrisa. Y este preciado regalo no cuesta dinero.

Cuando veo a alguien sonreír, me doy cuenta de inmediato de que está viviendo en plena consciencia. Esta media sonrisa, ¿cuántos artistas han trabajado para ponerla en los labios de incontables estatuas y pinturas? Estoy seguro de que la misma sonrisa debe haber estado en las caras de los escultores y pintores mientras trabajaban. ¿Podrías imaginar a un escultor enojado dando a luz semejante sonrisa?

La sonrisa de la *Mona Lisa* es ligera, sólo una insinuación de sonrisa y, aun así, una sonrisa como ésta es suficiente para relajar todos los músculos en tu cara y desvanecer todas las preocupaciones y fatiga.

Melón amargo

Existe un vegetal en Vietnam llamado melón amargo. La palabra en chino para amargo significa sufrimiento. Si no estás acostumbrado a comer el melón amargo, puede que sufras. Pero según la medicina tradicional, lo amargo es bueno para la salud. Algunas personas lo llaman «melón refrescante», porque al comerlo te hace sentir fresco y sereno, y es delicioso, aun siendo amargo.

El sufrimiento es amargo y nuestra tendencia natural es huir de él. Nuestro almacén de la consciencia, nuestra mente inconsciente, puede establecer un programa de conductas para ayudarnos a escapar del sufrimiento y acercarnos sólo a lo que es placentero. Esto no nos impide conocer lo bueno del sufrimiento, la sanación que puede traer. Pero nuestra mente consciente sabe que el sufrimiento tiene algo que enseñarnos y que no deberíamos temerlo. Estamos listos para sufrir un poco y aprender, crecer y sanar. Tenemos que usar nuestra inteligencia. Usamos nuestra concentración para tener una visión profunda, para transformar el sufrimiento y volvernos iluminados, para ser una persona libre.

Manejo de un sentimiento desagradable

Nuestros sentimientos juegan un papel muy importante en cómo percibimos, pensamos y actuamos. Enterrados dentro, están los sentimientos que tememos sacar a nuestra mente consciente porque nos hacen sufrir. Al practicar la respiración y la sonrisa, podemos entrar en contacto con nuestros sentimientos y aceptarlos. Si enfrentamos nuestros sentimientos desagradables con cuidado, afecto, sin violencia y los observamos con consciencia plena, estos sentimientos desagradables pueden traer gran iluminación y ofrecernos una visión profunda y la comprensión sobre nosotros y la sociedad.

Cuando abrazamos y calmamos un sentimiento desagradable, lo hacemos por todos nuestros ancestros y por las futuras generaciones. Nuestro sufrimiento no es sólo una manifestación individual, sino una manifestación colectiva de muchas generaciones y de la sociedad. No somos los únicos responsables.

Cuidar nuestra ira

La ira no es un enemigo. Tanto la plena consciencia como la ira somos nosotros. Nuestra práctica se basa en la visión profunda de la no-dualidad. La plena consciencia existe no para suprimir o luchar contra la ira, sino para reconocerla y cuidarla como una hermana mayor que ayuda a la más joven. La energía de la ira es reconocida y abrazada tiernamente por la energía de la plena consciencia. Cada vez que necesitamos la energía de la plena consciencia, sólo tenemos que tocar la semilla por medio de nuestra respiración consciente, andar en plena consciencia y sonreír, y entonces ya está lista la energía para hacer el trabajo, reconociendo, abrazando, mirando profundamente y transformando. Dentro de la semilla de la plena consciencia está la semilla de la concentración. Con estas dos energías, podemos liberarnos de nuestras aflicciones.

La casa en llamas

Si nuestra casa se está incendiando, lo más urgente que tenemos que hacer es regresar y tratar de apagar el fuego, y no perseguir a la persona que creemos que es la incendiaria. Si persigues a la persona que sospechas que inició el fuego en tu casa, la casa se quemará completa mientras andas en la persecución. Lo más sensato que puedes hacer es volver y apagar el fuego. Cuando estás enojado, si continúas interactuando y discutiendo con la otra persona o si tratas de castigarla, estás actuando exactamente como aquel que corre detrás del incendiario mientras todo arde en llamas.

¿En qué parte contribuimos?

El sufrimiento es inevitable. Pero sufrir o no sufrir nos corresponde a nosotros. Nacer, envejecer y enfermar son eventos naturales. Es posible no sufrir por ellos cuando has aceptado vivirlos como parte de tu vida. Puedes escoger el no-sufrimiento, aunque el dolor y la enfermedad estén presentes. La forma como ves tu vida y tu situación particular depende de tu forma de mirarla. Si miramos profundamente en nuestro sufrimiento, podemos preguntarnos cómo contribuimos a que se diera. Eso no significa que nuestro sufrimiento no sea real, es solamente que podemos disminuirlo en lugar de agregar más dolor, y podemos, además, transformarlo.

Regar las buenas semillas

Una forma de cuidar nuestro sufrimiento es invitando a la semilla positiva de naturaleza opuesta a que suba. Por ejemplo, si la semilla de la arrogancia crece, puedes practicar la plena consciencia de la compasión. Si practicas esto cada día, la semilla de la compasión en ti se fortalecerá y crecerá como una energía poderosa. Podemos regar selectivamente las semillas buenas y abstenernos de regar las semillas negativas. Esto no significa que ignoremos nuestro sufrimiento, esto sólo significa que permitimos a las semillas positivas que están de forma natural ahí recibir atención y nutrición. Si existen dificultades en nuestras relaciones, practicamos regar nuestras flores y las de nuestros seres queridos, y de esa manera podemos restablecer la comunicación y revivir la felicidad que teníamos anteriormente.

En contacto con la Madre Tierra

Tocar la tierra, dejando que tus dedos sientan el suelo o trabajando en jardinería, es una actividad maravillosa y restauradora. Si vives en una ciudad, quizá no tengas muchas oportunidades de palear la tierra, plantar vegetales o cuidar flores, pero puedes encontrar y apreciar un pequeño pedazo de tierra o hierba y cuidarlo. Estar en contacto con la Madre Tierra es una forma maravillosa de conservar tu salud mental.

Con plena consciencia de la generosidad, apoyo de la Tierra y de nuestra profunda conexión con ella, podemos generar una sensación placentera. Saber crear momentos de alegría y felicidad es crucial para nuestra sanación. Es importante poder ver las maravillas de la vida que nos rodean y reconocer las condiciones de felicidad que ya existen.

Sentimientos neutrales

Los sentimientos neutrales son aquellos que no son ni agradables ni desagradables. Con plena consciencia, un sentimiento que consideramos neutral puede convertirse en un sentimiento placentero, dependiendo de la forma en que lo manejemos. Por ejemplo, cuando tenemos un dolor de muelas, sabemos que sería maravilloso no tenerlo. Sin embargo, aunque no tengamos un dolor de muelas, no somos aún felices. El no tener dolor de muelas es algo muy placentero. Pero si no estamos conscientes de no tener dolor de muelas, nuestro sentimiento es neutral. Cuando practicamos la plena consciencia y nos hacemos conscientes del no-dolor de muelas, el sentimiento neutral se convierte un sentimiento positivo, una sensación de bienestar.

Convertir sentimientos neutrales en placenteros

El término «sentimiento neutral» parece que no es muy exacto, porque no nos percatamos de que con atención plena los sentimientos neutrales pueden convertirse en el tipo de sentimientos placenteros que pueden ser más profundos y de más larga duración que otro tipo de sentimientos. Comer una buena comida o escuchar palabras de alabanza generalmente da lugar al nacimiento de sentimientos placenteros; correr hacia la ira o tener un dolor de muelas origina sentimientos desagradables. Este tipo de sentimientos o sensaciones generalmente nos sacan de lugar y nos volvemos como nubes que sopla el viento.

Nuestros sentimientos de paz y alegría serán más estables y de más larga duración si sabemos la fuente de nuestros sentimientos neutrales. La esencia de la felicidad es un cuerpo que no tiene dolor y un corazón y una mente que no están oprimidos por la ansiedad, el miedo o el odio. En la meditación sentada podemos alcanzar un sentimiento estable de alegría cuando nos damos cuenta de la quietud del cuerpo y la claridad de la mente. Ya no nos dejamos llevar por los altibajos y disfrutamos nuestro sentimiento de bienestar.

Lo que es correcto

Es importante que aprendamos a hacer la compra, cocinar y comer para conservar la salud y el bienestar de nuestro cuerpo y de nuestro espíritu. Sólo hemos de comer alimentos que nos traigan paz y bienestar al cuerpo y a la mente, y que nos ayuden a retener la compasión en nuestro corazón. Tenemos que mirar profundamente para saber cómo hacemos crecer nuestros alimentos para poder comer de manera que se conserve el bienestar colectivo, hacer mínimo nuestro sufrimiento y el sufrimiento de otras especies, para permitir a la tierra que continúe siendo la fuente de vida para todos, asegurando, por tanto, el futuro de nuestros hijos.

Sentarse en calma y seguridad

Con la plena consciencia nos hacemos conscientes del sufrimiento alrededor de nosotros. Existen muchas personas que no pueden sentarse como nosotros en calma y seguridad porque una bomba o un cohete podría caerles encima en cualquier momento. Lo que desean es paz, que cesen las matanzas, pero no es posible. Hay muchos de nosotros que tenemos la oportunidad de sentarnos con mucha más seguridad y que no vivimos en una situación donde existe este tipo de sufrimiento, pero parece ser que no lo apreciamos. La plena consciencia nos ayuda a estar conscientes de lo que sucede a nuestro alrededor y de pronto sabemos cómo atesorar las condiciones de paz y felicidad que tenemos a disposición en el aquí y el ahora.

Budismo comprometido

Cuando yo estaba en Vietnam, nuestras aldeas eran bombardeadas. Junto con mis hermanos y hermanas, tuve que tomar una decisión de qué hacer. ¿Deberíamos continuar practicando en nuestro monasterio o debíamos dejar las salas de meditación para ayudar a la gente que estaba sufriendo con las bombas? Después de una reflexión cuidadosa, decidimos hacer ambas cosas, salir y ayudar a las personas haciéndolo en plena consciencia. Lo llamamos budismo comprometido. La plena consciencia debe ser comprometida. Una vez que lo ves, debes actuar. De otra manera, ¿para qué sirve mirar? Con la plena consciencia, sabremos qué hacer y qué no hacer para ayudar. Si mantenemos la consciencia plena de nuestra respiración y continuamos practicando la sonrisa, a pesar de las situaciones difíciles, mucha gente, animales y plantas serán beneficiados con nuestra manera de hacer las cosas.

Percepciones

Muchas personas quieren deshacerse de sus sentimientos dolorosos, pero no de sus creencias y puntos de vista que están en la raíz de sus sentimientos. Después de reconocer un sentimiento doloroso, hacernos uno con él, calmándolo y soltándolo, podemos mirar profundamente en sus causas, que pueden tener como base algunas percepciones equivocadas. Cuando comprendemos las causas y la naturaleza de nuestros sentimientos, éstos comienzan a transformarse. Cuando percibimos equivocadamente a una persona o un objeto, podemos sentir ira, desencanto o disgusto. Necesitamos recordar que la mayoría de nuestras percepciones son equivocadas. Practicar la plena consciencia significa mirar profundamente e ir más allá de nuestras percepciones incorrectas, mirar la verdadera naturaleza de todas las cosas.

Evitar las percepciones equivocadas

El pensamiento está en la base de todo. Es importante que pongamos nuestra consciencia plena en cada uno de nuestros pensamientos. Sin una comprensión correcta de una persona o situación, nuestros pensamientos incorrectos pueden crear confusión, desesperanza, ira u odio. Nuestra tarea más importante es desarrollar la visión correcta. Si miramos profundamente en la naturaleza del interser, donde todas las cosas «inter-son», dejaremos de culpar, discutir y matar y nos haremos amigos de todos.

Inter-ser

Nuestras ansiedades y dificultades vienen de nuestra incapacidad de mirar la verdadera naturaleza de todos los fenómenos. Vemos su apariencia exterior, pero muchas veces fallamos al reconocer su naturaleza intemporal y de interser. Todo es penetrado y formado de todo lo demás. Todo es todo lo demás. No hay un fenómeno que pueda existir por sí mismo. Todo tiene que inter-ser con todo lo demás. Todos los fenómenos tienen la naturaleza de interdependencia.

¿Estás seguro?

El significado verdadero de «ser» es inter-ser. Tú no puedes ser por ti mismo, tienes que inter-ser con todos y todas las demás cosas. Esto es verdad en todos los casos: la flor, la mesa, el río. Tú puedes tocar esta visión mirando profundamente. Tocando la verdad del no-ser, eres libre. Pero si permites que la ilusión del yo sea tuya, continuarás sufriendo mucho.

Científicamente hablando, la idea del yo, como una entidad, es una ilusión. Por ejemplo, dices yo soy vietnamita, pero ¿estás seguro? En mi caso, yo no tengo un pasaporte vietnamita ni una carta de identidad, así que, legalmente hablando, no soy vietnamita. Mirando mis escritos, mi persona, mis charlas de *Dharma*, verás varias corrientes culturales: francesa, china, india y hasta nativo americano, no existe tal cosa como la cultura vietnamita.

Y, étnicamente hablando, no hay una raza vietnamita, al mirarme puedes ver melanesio, indonesio, mongol y otros elementos no vietnamitas. Cada uno de nosotros tiene elementos de muchas otras culturas y etnicidades. No somos «puros». Sabiendo esto, eres libre. El cosmos se ha unido para ayudar a que te manifiestes. Todo el cosmos puedes encontrarlo en ti.

Plena consciencia en todo momento

Hay momentos en que somos capaces de mirar el interser, la naturaleza de no-yo en las personas y cosas. Pero en otros momentos nos olvidamos y caemos de vuelta en nuestra construcción imaginaria. La práctica continua es importante para que la flor de la iluminación salga de manera permanente en el campo de nuestra mente. La plena consciencia puede transformar todos nuestros pensamientos y emociones, cada estado mental es sensible a la energía de la plena consciencia.

Impermanencia

Aunque sabemos que todas las cosas son temporales, en nuestra vida continuamos como si las cosas fueran permanentes. La impermanencia es más que una idea, es una práctica para ayudarnos a tocar la realidad. Podemos nutrir nuestra visión profunda todo el día, cada fenómeno nos puede revelar la naturaleza de la impermanencia. Deberíamos aprender a estar más conscientes de la temporalidad. Si gozamos de buena salud y somos conscientes de que es temporal, nos cuidaremos más. Cuando sabemos que la persona que amamos no es permanente, la apreciaremos todo lo posible. Cuando practicamos la plena consciencia de la temporalidad, nos volvemos más presentes y amorosos. La temporalidad nos enseña a respetar y valorar cada momento y todas las cosas preciosas que nos rodean y las que están dentro de nosotros.

No-yo

Del mismo modo que la flor está hecha de la luz del sol, la tierra, la lluvia, etc., sabemos que todo, incluso nosotros mismos, está hecho sólo de elementos que no son el yo. Gracias a esta comprensión, entendemos que la felicidad y el sufrimiento no son cuestiones individuales. Vemos que la naturaleza está interconectada con todas las cosas. Todos tenemos la capacidad de vivir con la sabiduría no discriminatoria de que todos y todo pertenece a la misma corriente de vida.

El diente de león guardará tu sonrisa

Nuestra sonrisa nos traerá felicidad a nosotros y también a aquellos que nos rodean. Aunque gastemos mucho dinero en regalos para cada miembro de la familia, nada que les compremos les proporcionará tanta felicidad como el regalo de nuestra consciencia y una sonrisa. Y este preciado regalo no cuesta nada. Al final de un retiro en California, un amigo escribió este poema:

> He perdido mi sonrisa,
> pero no te preocupes.
> El diente de león la tiene.

Si has perdido tu sonrisa, pero todavía eres capaz de ver que el diente de león la está guardando para ti, la situación no es tan mala. Tienes suficiente plena consciencia para mirar que la sonrisa está ahí. Sólo necesitas respirar conscientemente una o dos veces y recuperarás tu sonrisa. El diente de león es un miembro de tu comunidad de amigos. Está ahí, muy fiel, guardando tu sonrisa. De hecho, cada cosa a tu alrededor mantiene tu sonrisa. No necesitas sentirte aislado. Sólo tienes que abrirte para apoyar todo lo que te rodea y lo que está dentro de ti. Como una amiga que vio que el diente de león guardaba su sonrisa, puedes respirar conscientemente y tu sonrisa regresará.

Estamos conectados unos con otros

Cuando estamos conscientes de la naturaleza interdependiente de la vida, sabemos que la sobrevivencia de los países en desarrollo no puede estar separada de la sobrevivencia de los países ricos en lo material y técnicamente avanzados. La pobreza y la opresión traen la guerra y, en nuestro tiempo, cada guerra involucra a todos los países. El destino de cada país está ligado al destino de los demás. La única forma de terminar con el peligro es que cada uno de nosotros reconozca a los demás como hermanos y hermanas. Todos somos humanos y nuestra vida es una.

Aprender del sufrimiento

Cuando miras profundamente el sufrimiento, puedes encontrar muchas cosas. Puedes investigar sus orígenes y ver los hábitos de consumo con los que lo has estado alimentando, qué ingieres en términos de los cuatro nutrimentos: alimentos, impresiones sensoriales (visión, sonidos, etc., que entran por tus sentidos), tus motivaciones profundas y tu pensamiento. Puede ser que descubras que tu sufrimiento no es sólo una manifestación individual, sino colectiva que conlleva el sufrimiento de tus padres, tus ancestros, tu pueblo, tu nación y el mundo. Quizá tus padres o ancestros no supieron cómo manejar su sufrimiento y transformarlo, así que te han transmitido ese sufrimiento a ti. Si escuchamos con suficiente profundidad, comprenderemos y sufriremos menos.

Nuestro mundo

A muchos nos preocupa la situación mundial. Como individuos nos sentimos abandonados, desesperados. La situación es tan peligrosa, la injusticia está tan extendida que el peligro está muy cerca. En esta situación, si sentimos pánico, las cosas sólo empeorarán. Necesitamos permanecer calmados para ver con claridad. La meditación es estar conscientes y tratar de ayudar. Después de la guerra, mucha gente salió de Vietnam para viajar en lanchas pequeñas, llenas más allá de su capacidad, y atravesar el golfo de Siam. Frecuentemente, les llegaban las tormentas o los mares eran difíciles de navegar. La gente podía entrar en pánico haciendo que la lancha tuviera mayor peligro de hundirse. Pero si una persona a bordo podía mantener la calma y la lucidez, sabiendo qué hacer y qué no hacer, esa persona podía ayudar a que la lancha sobreviviera. Su voz y su cuerpo podían comunicar claridad y calma, la gente confiaría en ella y escucharía lo que dijera. Una persona así podía salvar la vida de muchos. Nuestro mundo es algo parecido a una lancha pequeña. Comparado con el cosmos, nuestro planeta es una pequeña lancha. Quizá estemos cerca del pánico porque nuestra situación no es mejor que la del pequeño bote en el mar. La humanidad se ha vuelto una especie peligrosa. Necesitamos gente que pueda sentarse en calma, que pueda sonreír y andar pacíficamente para poder salvarnos. En mi tradición se dice que tú eres esa persona, que cada uno de nosotros es esa persona.

¿Qué es más importante?

La semilla de la plena consciencia está en cada uno de nosotros, pero generalmente olvidamos regarla. Pensamos que la felicidad es posible sólo en el futuro, cuando tengamos una casa, un auto o un grado académico. Luchamos en nuestra mente y cuerpo y no tocamos la alegría y la paz que tenemos disponibles ahora mismo en el cielo azul, las hojas verdes, los ojos de un ser querido. ¿Qué es más importante? Muchas personas han pasado sus exámenes, comprado casas y autos, sin embargo, siguen siendo infelices. Lo más importante es encontrar la paz y compartirla con los demás. Para conseguir la paz, puedes comenzar por andar pacíficamente. Todo depende de tus pasos.

Meditación andando

La meditación andando es estar consciente y disfrutar la caminata. Andamos, no para llegar a algún sitio, sino sólo para andar, estar en el momento presente, conscientes de nuestra respiración, de nuestro andar, y disfrutando cada paso. Cada vez que tengo que ir de un lugar a otro, practico la meditación andando, aunque la distancia sea sólo de dos o tres metros. No tengo otro estilo de andar, sólo andar en plena consciencia. Me ayuda mucho. Me brinda transformación, sanación y alegría.

Caminando sobre la Tierra

Los astronautas del Apolo pudieron tomar una fotografía de la Tierra desde muy lejos y enviárnosla. Fue la primera vez que vi la Tierra completa, muy hermosa, un bastión de vida. Con la caminata en plena consciencia, tenemos la oportunidad de entrar en comunión profunda con el planeta Tierra y darnos cuenta de que la Tierra es nuestro hogar. Es maravilloso gozar de la caminata sobre el planeta Tierra. La Madre Tierra nos trajo a la vida y nos ha dado todas las condiciones para sobrevivir. Ha desarrollado un medio ambiente en el cual los humanos podemos manifestarnos y florecer. Ella creó una atmósfera protectora, con aire para respirar, alimento abundante para que comamos, y agua clara para que bebamos. Ella nos está nutriendo y protegiendo constantemente. Ella es nuestra madre y madre de todos los seres.

En los pasos del Buda

En 1968, visité la India por primera vez. Quería ir a Bodhgaya, donde el Buda alcanzó la iluminación. Así que tomé un vuelo de Nueva Delhi a Patna y, cuando íbamos acercándonos a tierra, tuve quince minutos para contemplar el panorama abajo. Por primera vez, vi el legendario río Ganges y, mirando abajo, pude ver las pisadas del Buda, un poco por todas partes. Me sentí conmovido. El Buda amaba caminar y pasó mucho tiempo andando a lo largo del río y visitando sus reinos. Visualicé al Buda andando con dignidad, libremente, en paz y con alegría. Él caminó de esa manera durante cuarenta y cinco años, llevando su sabiduría y compasión a muchos lugares y compartiendo su práctica de liberación con mucha gente, desde los más poderosos hasta lo más excluidos en la sociedad. No había autos, trenes o aviones. Él anduvo con sus amigos y discípulos y visitó y enseñó en quizá quince reinos antiguos de la India y Nepal, conociendo personas y ayudándolas a practicar. Mirando hacia abajo, prometí que practicaría la meditación andando para llevar los pasos del Buda a otras partes del mundo. He estado alrededor del mundo y he compartido la práctica de la meditación andando con muchas personas. Tengo amigos, tanto monásticos como laicos, que han caminado de esa manera en los cinco continentes. Las huellas del Buda están ahora por todos lados.

Pasos en plena consciencia

Donde sea que estés, puedes disfrutar de una caminata en plena consciencia y cada paso que des detiene tu olvido y te vuelve a la vida tocando las maravillas de la vida para tu sanación y transformación. Es muy bello andar por tus padres o por tus abuelos, quienes quizá no conocieron la práctica de andar en plena consciencia. Tus ancestros pueden haber vivido sus vidas enteras sin la oportunidad de dar pasos en paz y felices. Nosotros practicamos por todas las generaciones de ancestros y descendientes.

Comer con la familia y los amigos

Tener la oportunidad de sentarnos con nuestra familia y amigos para disfrutar de una buena comida es algo muy preciado, algo que no todos pueden hacer. Sentarse a la mesa con otras personas es siempre una oportunidad para respirar y ofrecer una auténtica sonrisa de amistad y comprensión. Si las personas que comen juntas no pueden sonreírse unas a otras, entonces algo no está bien. Mira la comida de manera que permitas que se haga real y revele tu conexión con la tierra. Cada bocado contiene la vida que le da el sol y la tierra. Puedes ver y probar todo el universo en un pedazo de pan.

Comer en plena consciencia

Muchas personas en el mundo sufren de hambre. Cuando tengo un tazón de arroz o un pedazo de pan, sé que soy muy afortunado. Siento compasión por todos aquellos que no tienen qué comer y no tienen tampoco amigos o familia. Ésta es una práctica muy profunda. Al mirar nuestro plato, miramos a la Madre Tierra, los trabajadores del campo y la tragedia del hambre y la desnutrición. Comer en plena consciencia nos ayuda a cultivar las semillas de compasión y comprensión que nos darán inspiración para hacer algo por ayudar a que la gente que está abandonada pueda nutrirse.

Escuchar a nuestro niño herido

Dentro de nosotros hay un niño pequeño que sufre. Todos hemos tenido momentos difíciles cuando niños y muchos hemos experimentado un trauma. Para protegernos de mayor sufrimiento, tratamos de olvidar los tiempos dolorosos. Pero el niño herido está siempre ahí, llamando nuestra atención. Tenemos que regresar para abrazarlo tiernamente y escucharlo. Podemos hablar al niño con el lenguaje de amor, diciendo: «Querido mío, sé que has sufrido. Te he abandonado. Lo siento. No volveré a dejarte solo de nuevo».

Si regresas con tu niño herido y lo escuchas con atención

cada día durante cinco o diez minutos, habrá sanación. Cuando vayas a hacer una caminata, a contemplar la puesta de sol o a escalar una bella montaña, invita al niño a disfrutar todo contigo. Cuando te sientas solo, puedes hablar con tu niño herido: «Querido, sé que has sido seriamente herido. Pero ahora tenemos que crecer. Toma mi mano y salgamos del pasado y volvamos al momento presente». Nuestra *Sangha* puede ayudar. Podemos ayudarnos entre nosotros para salir de la prisión del pasado o del futuro. A pesar de que recibí amor y atención de mis padres, yo también he hecho esta práctica y me ha ayudado mucho.

Restablecer la comunicación

Nuestros ancestros quizá no sabían cómo cuidar a su niño interior herido, así que ellos nos han transmitido ese niño herido a nosotros. Nuestra práctica consiste en terminar con ese ciclo. Las personas a nuestro derredor, familia y amigos, quizá tengan también un niño severamente herido en su interior. Si hemos logrado ayudarnos a nosotros mismos, podemos también ayudar a otros. Cuando nosotros hemos sanado, nuestras relaciones con los demás se vuelven mucho más fáciles. Tenemos más paz y amor y podemos permitir a los otros que nos amen. Antes, quizá, sospechábamos de todo y todos. La compasión nos ayuda a relacionarnos con los demás y restablecer la comunicación.

Una tormenta de emociones

Muchos jóvenes tienen dificultad para manejar las emociones fuertes y sufren mucho. Algunos cometen suicidio porque no tienen otro método para lidiar con las emociones fuertes más que poner fin a su vida. Las emociones son como una tormenta: vienen, se quedan por un rato y después se van. No deberíamos morir debido a una emoción. Los padres pueden enseñar a sus hijos cómo manejar sus emociones y capotear las tormentas de manera más sencilla. Cuando tenemos una emoción fuerte, somos como un árbol en una tormenta fuerte. No nos quedamos arriba en la copa, en las ramas altas que son sacudidas por el viento y podrían romperse. Trae tu consciencia hacia tu abdomen, al tronco, respirando en tu abdomen. No es difícil. Los adolescentes y los niños pueden aprender la técnica de la respiración abdominal. No debemos esperar a que lleguen las tormentas fuertes sin haber iniciado la práctica. Si practicas junto con tu hijo, durante cinco o diez minutos cada día, durante dos o tres semanas, la práctica de la respiración profunda en el estómago se convertirá en hábito. Cuando una emoción esté por llegar, el joven sabrá qué hacer. Tendrá la experiencia de saber que puede sobrevivir a sus emociones.

Los niños necesitan nuestra comprensión

Si observamos profundamente a nuestros hijos, vemos todos los elementos que los han formado. Son de esa manera debido a nuestra cultura, economía, sociedad y por la forma que somos nosotros. No podemos simplemente culpar a nuestros hijos cuando las cosas no salen bien, muchas causas y condiciones han contribuido. Si los padres practican la plena consciencia y la compasión en su vida diaria, los hijos aprenderán de manera natural de ellos. Al practicar la escucha profunda y el habla amorosa, puedes regar las buenas semillas en los hijos. Cuando sabemos cómo transformarnos y cómo transformar nuestra sociedad, nuestros hijos también podrán transformar.

Depresión

Abrazar nuestro sufrimiento puede parecer lo opuesto de lo que queremos lograr, especialmente si el sufrimiento es muy grande, como ocurre con la depresión. La depresión se ha expandido en nuestro tiempo. Puede llevarse nuestra paz, alegría, estabilidad, y hasta nuestra habilidad para comer, movernos o hacer tareas simples. Puede parecer insuperable, y pensamos que lo único que podemos hacer es o huir de ella o rendirnos. Pero reconocer y abrazar este gran sufrimiento sin prejuicio lo calmará de manera natural y luego tendrás la oportunidad de mirar profundamente en él para saber por qué te ha llegado. Está tratando de llamar tu atención y decirte algo y ahora tendrás la oportunidad de escucharlo. Puedes pedir a alguien que lo vea contigo, a un maestro, un amigo o un psicoterapeuta. Ya sea solo o con amigos, puedes explorar sus orígenes y ver con qué nutrimentos y hábitos de consumo has alimentado tu tristeza. Puedes descubrir cómo transformar el compost de este sufrimiento en las flores de la comprensión, la compasión y la alegría.

Atravesar la tormenta

Cuando no sabes cómo manejar el sufrimiento que llevas dentro o cómo ayudar a manejar el sufrimiento a tu alrededor, puede ser que intentes no estar ahí más, pensando que eso te hará sentir mejor. Cometer suicidio es un acto de desesperanza. No es inteligente. Piensas que dejarás de existir después de que mueras. Pero eso no es verdad. Tú vas a continuar siempre de muchas formas. El sufrimiento continuará, no sólo en ti, sino en otras personas que se preocupan por ti. Si pierdes la esperanza, ellos perderán la esperanza. Si esa energía de hábito se queda en la familia, ésa es una razón más para practicar. Si tenemos un ambiente bueno, una buena *Sangha*, buenos amigos alrededor, entonces tenemos más oportunidades de entrar en contacto con la sabiduría y práctica que nos puede ayudar. No asumas, quizá por orgullo, que todo está bien. Siéntate entre nosotros y di estas palabras: «Querida *Sangha*, aquí está mi dolor, mi tristeza, mi desesperación. Por favor, ayúdenme a reconocerlos y abrazarlos. Necesito la energía colectiva de la *Sangha*». Si puedes terminar con esa energía de hábito, la transformarás no sólo para ti, sino para todo el linaje. Con la energía de amor y compasión, no harás cosas que hagan sufrir a las demás personas. Practica la respiración, andar y reconocer esta energía de hábito en ti. Di: «Hola, mi energía de hábito. Estoy tratando de que ya no estés más ahí. Has sido mi amiga por mucho tiempo. Voy a ayudarte». Abrázala, trabaja con ella y transfórmala. No tenemos que pelear. Solamente tenemos que reconocerla y sonreírle. La visión profunda de que la muerte y el nacimiento inter-son es muy importante.

Desarraigados

Nuestra sociedad es un lugar difícil para vivir. Si no somos cuidadosos, podemos desarraigarnos, y entonces no podremos cambiar la sociedad para hacerla más habitable. La meditación es una manera de ayudarnos a permanecer en la sociedad, y esto es muy importante. Mucha gente joven que viene a la práctica budista, lo hace como una forma de psicología, busca en la práctica de la meditación la solución de sus problemas psicológicos. Habiendo vivido durante mucho tiempo en esta sociedad, estoy consciente que hay muchas cosas que me hacen desear retirarme, regresar a mí mismo. Pero mi práctica me ayuda a permanecer en la sociedad. Sé que, si salgo de ella, no puedo ayudar a cambiarla. Necesitamos mantener nuestros pies sobre la tierra y permanecer en la sociedad. Esta es nuestra esperanza para la paz.

Sanar del abuso durante la infancia

Como víctima de abuso en la infancia, no quieres que otros sufran lo que tú has sufrido. Con una aspiración fuerte de ayudar y con la determinación de practicar, te transformas en un *bodhisattva*, un activista, agente de paz, y comienzas a sanar de inmediato. Transformas tu sufrimiento en el tipo de visión profunda que te ayudará a ti, a tus amigos y a la sociedad. La práctica de mirar profundamente para ver que tus padres no tuvieron la oportunidad de encontrar enseñanzas más sabias o buenos amigos. Si ellos no vivieron en un mejor ambiente, deben haberse comportado de una forma diferente. Esto es verdad para todos.

Para aquellos que han sido víctimas de abuso sexual, hay

una enseñanza de que el lodo y el loto inter-son, nosotros no discriminamos, tenemos que aceptar a ambos. Es posible transformar el lodo en un loto. Ideas tales como producción y destrucción, nacimiento y muerte, sucio e inmaculado son sólo creaciones de nuestra mente. Ni sucio ni inmaculado es la enseñanza y práctica que nos ayude a trascender la idea de sucio e impuro. Todo es temporal, todo cambia. No tienes que llevar ese tipo de sufrimiento para siempre. Haces el gran voto de convertirte en *bodhisattva* y, con esa profunda aspiración, hay mucho que puedes hacer para ayudar a proteger a los niños, y a los jóvenes del abuso sexual y de la conducta sexual indebida, por medio de la educación y mejores prácticas. Cuando tu energía en la aspiración es fuerte, comienzas a sanar de inmediato.

Salir del atasco

Cuando sentimos que somos víctimas de alguien, sufrimos y tenemos la tendencia a volvernos pasivos en nuestra vida. En lugar de eso, podemos comportarnos positivamente y tomar las riendas de la situación. Una vez que sentimos lástima por nosotros y nos sentimos que somos víctimas, es difícil estar totalmente presentes y seguir adelante para hacer lo que queremos hacer. Creemos que somos la víctima, pero, de hecho, la otra persona es víctima de su propio sufrimiento e ignorancia. Con plena consciencia, podemos llegar a la sabiduría de no-yo y no discriminación. Esta visión nos protege. Una vez que nos habite esta energía y sabiduría, no sufriremos más y no haremos sufrir a otras personas.

Vivir juntos

Cuando vivimos con otra persona, para proteger la felicidad de ambos debemos ayudarnos a transformar los nudos internos que creamos juntos. Practicando el habla amorosa y la escucha atenta para comprender, podemos ayudarnos mucho. La felicidad no es un asunto individual. Si la otra persona no es feliz, nosotros no seremos felices tampoco.

> Si estamos en paz, si somos felices, podemos sonreír y abrirnos como una flor, y cada uno en nuestra familia, en nuestra sociedad entera, se beneficiará de nuestra paz.

La no-acción

El amor y el odio son orgánicos. Podemos rápidamente enfadarnos con la persona que amamos y también podemos llegar a amar a alguien que odiábamos. Cuando estamos enojados, podemos darnos un pequeño espacio para hacer algunas respiraciones profundas. Esto nos ayudará a no decir o hacer algo de lo que podamos arrepentirnos después. Reconocemos que este sentimiento de ira es una reacción momentánea. Siguiendo nuestra respiración, dentro y fuera y no alimentando la ira con nuestras percepciones, ésta se calmará y cesará. Cuando alguien dice algo que nos reta, si podemos sonreír y regresar a nuestra respiración, será una enseñanza viva y los otros podrán tocarla. Algunas veces, por medio de la no-acción, podemos ayudar más que si hacemos mucho. Permaneciendo calmados, podemos cambiar la situación.

Habla amorosa y escucha profunda

Todos tenemos dolor, ira, frustración y necesitamos encontrar a alguien que quiera escucharnos y que sea capaz de comprender nuestro sufrimiento. Antes de decir algo, tenemos que comprender lo que estamos diciendo y también a quién estamos dirigiendo nuestras palabras. Con esta comprensión, no diremos cosas que hagan sufrir a la otra persona. Culpar o argumentar son formas de violencia. Si sufrimos mucho, nuestras palabras pueden ser amargas, y eso no ayudará a nadie. Tenemos que aprender a calmarnos y convertirnos en una flor antes de hablar. Éste es el arte del habla amorosa. Escuchar es también una práctica profunda. Escuchamos de manera que comprendemos el sufrimiento de otros. Nos vaciamos y dejamos espacio para poder escuchar bien. Si inhalamos y exhalamos para refrescarnos, podremos sentarnos quietos y escuchar a la persona que está sufriendo. Cuando están sufriendo, necesitan que alguien los escuche con atención sin juzgar o reaccionar. Si ellos no pueden encontrar a alguien en su familia, acudirán a un psicoterapeuta. Sólo escuchando profundamente, ya aliviamos mucho de su dolor. Ésta es una práctica importante para la paz. Tenemos que escuchar en nuestras familias y en nuestras comunidades. Tenemos que escuchar a todos, especialmente a aquellos que consideramos que son nuestros enemigos. Cuando mostramos nuestra capacidad de escuchar y comprender, la otra persona también nos escuchará, y tendremos así la oportunidad de contarle nuestro dolor.

En cien años

Cuando estés enfadado con alguien que amas, respira en plena consciencia con tus ojos cerrados y lleva tu mente al futuro lejano. Tu cuerpo y el cuerpo de la persona con la que estás enfadado se habrán disuelto en polvo. Cuando vemos que nuestras vidas son tan efímeras, no deseamos gastar nuestro tiempo estando enojados unos con otros.

Ecuanimidad

La ecuanimidad es un elemento importante del amor verdadero. Algunas personas piensan que la ecuanimidad significa indiferencia. Pero la ecuanimidad no es frialdad ni indiferencia. Significa que amas sin discriminación e incluyes a todos en tu amor. Significa que miras la situación completa sin tomar partido. Cuando amas porque los seres vivientes necesitan tu amor, no porque alguien pertenece a tu familia, tu nación o tu religión, eso es amar sin discriminación y practicas el amor verdadero.

Salón de clase en plena consciencia, sociedad en plena consciencia

Mucha gente tiene un sufrimiento enorme y no sabe cómo manejarlo. A menudo empieza a una edad muy joven. Si un estudiante sufre mucho, no puede concentrarse y aprender. Las escuelas deberían ser lugares donde los niños puedan aprender a ser felices, amorosos y comprensivos, donde los maestros nutran a sus estudiantes con sus propias visiones y felicidad. Muy pocos programas escolares enseñan a la gente joven cómo vivir, cómo tratar la ira y reconciliarse en conflictos, cómo respirar, sonreír y transformar los sentimientos difíciles. Podemos transformar nuestro salón de clase en una familia donde las buenas relaciones puedan establecerse entre el maestro y los estudiantes. Para un niño que tiene dificultades en casa, un maestro y salón de clase son su segunda oportunidad. Juntos tenemos que crear el tipo de instituciones públicas que necesitamos para nuestro despertar colectivo.

Sé tú mismo

Ser hermoso significa ser tú mismo. No necesitas la aceptación de otros. Necesitas aceptarte a ti mismo. Cuando nazcas como una flor de loto, sé una hermosa flor de loto, no trates de ser una flor de magnolia. Si buscas la aceptación y reconocimiento tratando de cambiarte para ser lo que otras personas desean que seas, sufrirás toda tu vida. La verdadera felicidad y el verdadero poder están en comprenderte a ti mismo, aceptándote, teniendo confianza en ti.

Dos aspectos de la esperanza

La esperanza es importante, hace que el momento presente sea menos difícil de llevar. Si creemos que mañana será mejor, podemos soportar la carga hoy. Pero eso sería lo máximo que la esperanza podría hacer por nosotros. Cuando pienso profundamente sobre la naturaleza de la esperanza, veo algo trágico: si nos apegamos a la esperanza por el futuro, no enfocaremos nuestra energía y habilidades en el momento presente. Parece que usamos la esperanza creyendo que algo mejor sucederá en el futuro, que llegará la paz. La esperanza se convierte en una especie de obstáculo. Si puedes evitar estar esperanzado, puedes estar por completo en el momento presente y descubrir la alegría que está aquí. No quiero decir que no deberías tener esperanza, pero la esperanza no es suficiente. Si te posicionas en la energía de la esperanza, no estarás completamente en el momento presente. Si recanalizas esa energía para estar consciente de lo que sucede en el momento presente, puedes crear un parteaguas y descubrir la alegría y la paz justo en el momento presente. El líder inspirador del movimiento por la paz A.J. Muste dijo: «No hay camino hacia la paz, la paz es el camino». Podemos tener paz justo en el momento presente con nuestra mirada, nuestra sonrisa, nuestras palabras y nuestras acciones. El trabajo por la paz significa que cada paso que damos debe ser de paz, alegría y felicidad. Podemos sonreír y relajarnos. Todo lo que deseamos está aquí justo en el momento presente.

Respirar y sonreír donde sea que estés

Nuestros sentidos son nuestras ventanas al mundo y algunas veces el viento sopla a través de ellos y altera todo dentro de nosotros. Algunos dejamos nuestras ventanas abiertas todo el tiempo, permitiendo que las vistas y los sonidos del mundo nos invadan y penetren.

Cuando necesites bajar el ritmo y volver a ti mismo, no has de encontrar un lugar especial. Donde sea que estés, regresa a la práctica de la respiración consciente. Ya sea sentado en tu oficina o en tu coche, de pie en un mercado concurrido, o haciendo cola en el banco, si comienzas a sentirte agotado y necesitas volver a tu interior, puedes practicar la respiración y la sonrisa.

Una comunidad de práctica

Si lanzas una piedra al río, no importa lo pequeña que sea, se hundirá hasta el fondo. Pero con un bote, puedes mantener muchas piedras a flote. Si estás solo, puedes hundirte en el río del sufrimiento, pero si tienes una comunidad de práctica y le permites que abrace tu dolor y tristeza, tú vas a flotar. Muchos nos hemos visto beneficiados por la fuerza de la energía colectiva de la *Sangha*.

Imagina que eres una gota de agua camino al océano. Si vas solo, te evaporarás en el camino. Pero si te permites ser sostenido y transportado por la lancha, irás como un río y seguramente llegarás al océano. En la *Sangha*, somos como una gota de agua en el río. Nuestra pena, tristeza y sufrimiento serán reconocidos y abrazados.

Construyendo la amada comunidad

Conocí al reverendo Martin Luther King, Jr., en persona, por primera vez en Chicago en 1966. Supe que estaba en presencia de una persona santa. Ambos éramos jóvenes, ambos pertenecíamos a la Beca por la Reconciliación, y trabajábamos para ayudar a los grupos en conflicto y para encontrar una solución pacífica. Tomamos té juntos y luego fuimos a una conferencia de prensa. Ahí fue cuando el doctor King habló por primera vez contra la guerra de Vietnam. Conjuntamos esfuerzos para trabajar por la paz en Vietnam y por la lucha por los derechos civiles en los Estados Unidos Estuvimos de acuerdo en que el verdadero enemigo del hombre no es el hombre, sino la ira, el odio y la discriminación que hay en el corazón y la mente de los seres humanos. Nos reunimos después, en 1967, en Ginebra en la Conferencia Pacem in Terra organizada por el Consejo Mundial de las Iglesias. Ahí continuamos nuestra discusión sobre la paz, la libertad y la comunidad. Estuvimos de acuerdo en que, sin una comunidad, no podemos avanzar mucho. Sin una comunidad feliz y armoniosa, no podríamos realizar nuestro sueño. Le dije: «Martin, en Vietnam te llaman *bodhisattva*, un ser iluminado que está tratando de despertar a otros seres vivientes». Me alegro de haber tenido la oportunidad de decírselo, porque unos meses después fue asesinado. Yo estaba en Nueva York cuando escuché las noticias. Me sentí devastado. No podía comer o dormir. Hice un voto profundo de continuar construyendo la amada comunidad, no sólo por mí, sino también por él también. He hecho lo que prometí y creo que siempre he sentido su apoyo.

La energía colectiva de la práctica

Cuando practicamos juntos como grupo, generamos una energía colectiva de plena consciencia y paz que puede ayudar a que tanto nosotros como nuestros hijos nos nutramos y sanemos. Practicando juntos, tenemos la oportunidad de producir la poderosa energía colectiva de la plena consciencia, compasión concentración, visión profunda y alegría que puede ayudar a cambiar el mundo. No necesitamos más dinero, fama o riquezas para ser felices. Sólo generando estas energías, podemos crear libertad y felicidad para nosotros y para mucha gente que nos rodea. Tenemos la oportunidad de estar juntos. Andando de un lugar a otro, ¿por qué no disfrutar cada paso? Estamos aquí para eso. Date el placer, el gusto y la libertad con cada paso.

Vacío

El vacío, el no-signo y el no-objetivo son claves para abrir la puerta de la realidad. Son tres contemplaciones esenciales que nos liberan de las percepciones equivocadas para poder vivir profunda y totalmente y enfrentar el morir y la muerte sin miedo, ira o desesperanza. Decir que algo está vacío no significa que no existe. El vacío no significa la nada. Significa que algo está lleno de todo, excepto de una cosa: un yo separado. El verbo «ser» puede ser confuso, porque no podemos existir por nosotros solos. «Ser» es siempre «inter-ser». Una flor está llena de todo el cosmos. Está vacía de sólo una cosa: una existencia separada. Nosotros inter-somos unos con otros y con todo lo que hay en la vida.

Sin signo

Mirar una flor sólo como una flor y no ver la luz del sol, las nubes, la tierra, el tiempo y el espacio en ella es estar atrapado en el signo de «flor». Cuando tocas la naturaleza del interser de la flor, entonces ves verdaderamente la flor. Si miras a una persona y no ves también su sociedad, educación, ancestros, cultura y ambiente, no has visto realmente a esa persona. En vez de eso, has sido atrapado por el signo de esa persona, su apariencia externa, la apariencia de que es un yo separado. Cuando puedas mirar a esa persona profundamente, tocarás todo el cosmos y no serás engañado por las apariencias.

Sin metas

Cuando nos ponemos un objetivo que alcanzar, podemos correr durante toda nuestra vida y nunca podremos lograr la felicidad. La felicidad es posible sólo cuando dejas de correr y aprecias el momento presente y lo que eres. No necesitas ser alguien más, ya eres una maravilla de la vida. En Occidente, estamos orientados a lograr metas y a menudo nos olvidamos de disfrutarnos a lo largo del camino. Sin objetivo significa que no pones algo frente a ti y corres detrás de él, porque todo lo que existe está ya aquí, dentro de ti. Mientras practicamos la meditación andando, no tratamos de llegar a ningún sitio. Sólo damos pasos felices y en paz. Si continuamos pensando en el futuro, en lo que queremos lograr, perderemos nuestros pasos. Lo mismo sucede con la meditación sentada. Nos sentamos únicamente para disfrutar estar sentados, no nos sentamos para lograr un objetivo. Cada momento de la meditación sentados nos vuelve a la vida y nos sentamos de manera que disfrutamos estar sentados durante todo el tiempo que lo hagamos. Ya sea que comamos una mandarina, bebamos una taza de té o caminemos en meditación, debemos hacerlo de manera que «no tengamos que alcanzar una meta».

Una sociedad compasiva

En una civilización donde la tecnología es crucial para el éxito, hay poco espacio para la compasión. Pero cuando meditamos mirando la vida profundamente, podemos identificarnos hasta con las hormigas y los gusanos. Para que haya un cambio en la sociedad, debe haber un cambio completo de consciencia. Necesitamos darnos cuenta del fondo de la naturaleza interdependiente de la realidad y dejar nuestra manera habitual de pensar mirando solo fragmentos de la realidad. Continúa meditando sobre la interdependencia y, después de un tiempo, notarás un cambio en ti. Tu perspectiva se ensanchará y te darás cuenta de que miras a los seres vivientes con compasión. Las envidias y los odios que pensabas impenetrables se empezarán a erosionar y te verás cuidando a cada ser y a todos. Lo más importante es que no sentirás más miedo a la vida y la muerte.

No-miedo

Los textos budistas hablan sobre tres tipos de regalos: los recursos materiales, el *Dharma* (compartir las enseñanzas espirituales) y el no-miedo. El no-miedo es el regalo más grande que podemos ofrecer a los demás. Nada es más preciado. Pero ese regalo no podemos ofrecerlo sin que nosotros lo tengamos. Si hemos practicado y tocado la dimensión última de la realidad, también podemos ofrecer la sonrisa del *bodhisattva* de no-miedo. Como ellos, no necesitamos huir de nuestras aflicciones. No necesitamos ir a otro lugar para lograr la iluminación. Vemos que las aflicciones y la iluminación son una sola cosa. Cuando tenemos una mente alucinada en el error, vemos sólo aflicciones. Pero cuando tenemos una mente clara, las aflicciones no existen. Lo único que hay es la iluminación. No tenemos más miedo al nacimiento y la muerte, porque ya no existen. Existe sólo la iluminación. No tememos más al nacimiento y la muerte porque hemos tocado la naturaleza del interser. Los *bodhisattvas* están libres del miedo y pueden ayudar a muchas personas.

> Cuando nos damos cuenta de que las aflicciones
> no son otra cosa que la iluminación,
> podemos cabalgar en paz sobre las olas de nacer y morir.
> Viajando en el bote de la compasión
> sobre el océano del engaño,
> sonriendo al no-miedo.

Como una nube

Cuando la persona que amas está viva y contigo, hazte consciente de que es como una nube. Tú también, ambos son como una nube y no están completamente en este cuerpo, porque cada día producen pensamientos, habla y acciones que continuarán independientemente de ustedes, ellas son su continuación. Aun cuando la nube está todavía en el cielo, podemos ver su continuación, como lluvia, nieve o granizo. Debemos meditar para mirar que no somos solo nuestro cuerpo, sino que estamos también fuera de él. Me puedo ver no solamente en mi cuerpo, sino también en mis amigos, discípulos, mi trabajo, en muchas cosas. Si deseas reconocerme, no mires en esta dirección, mi cuerpo es sólo una pequeña parte de mí.

Continuaré siendo.

Pero tienes que ser cuidadoso para mirarme.

Seré una flor, una hoja o una nube.

Yo estaré en esas formas y te enviaré un saludo.

Si estás lo suficientemente consciente, me reconocerás,

y me estarás sonriendo.

Yo estaré feliz.

Continuación

La sanación de nuestro cuerpo y mente deben ir juntas con la sanación de la Tierra. Este tipo de iluminación es crucial para el despertar colectivo. Estar conscientes es un acto de despertar. Tenemos que despertar al hecho de que la tierra está en peligro y que todas las especies vivas están también en peligro, pero la plena consciencia y un profundo despertar de la tierra pueden también ayudarnos a sobrellevar el dolor, los sentimientos difíciles y las emociones.

La felicidad y el sufrimiento inter-son. Así es que no debemos temerle al sufrimiento. Sabemos cómo manejarlo, cómo hacer uso de él para construir la felicidad. Hablamos de la bondad del sufrimiento. Ésta es la razón por la que podemos aceptar la palabra con todo el corazón. No necesitamos ir a ningún otro lado. Ésta es nuestra casa. Queremos manifestarnos una y otra vez para hacer esta casa más bella con las buenas acciones.

Prácticas para sonreír

Al iniciar el día

Al despertar esta mañana, sonrío.
Veinticuatro horas nuevas están ante mí.
Prometo vivir plenamente cada momento
y mirar a todos los seres con ojos de compasión.

Cada mañana, cuando despertamos, tenemos veinticuatro horas nuevas para vivir. ¡Qué regalo tan preciado! Podemos vivir esas horas de manera que traigamos paz, alegría y felicidad a nosotros y a otros. Podemos sonreír, respirar, andar y comer cada una de nuestras comidas de manera que nos permita estar en contacto con la abundancia de la felicidad que está a nuestra disposición. ¿Qué mejor manera de iniciar el día que con una sonrisa? Nuestra sonrisa afirma nuestra plena consciencia y determinación de vivir en paz y alegría. La fuente de una sonrisa verdadera es una mente despierta. Para recordar que debes sonreír cuando despiertes, puedes colgar un recordatorio tal como una rama, una hoja, una pintura, o algunas palabras que te inspiren, ya sea en tu ventana o desde el techo sobre tu cama, para que lo notes cuando despiertes. La sonrisa te ayuda a enfrentar el día con gentileza y comprensión.

Meditación andando

En la vida diaria hay tanto que hacer y pensamos que hay poco tiempo. Puedes sentirte presionado a correr todo el tiempo. La meditación andando es una forma maravillosa de volver a nosotros. Andamos con gracia y dignidad. Cada paso es vida.

Cuando camines, mantén tu respiración de manera natural y nota cuántos pasos te toma cada inhalación y exhalación. Notarás que tu exhalación es más larga que tu inhalación, quizá darás tres pasos con tu inhalación y cuatro pasos con tu exhalación. Cuando caminas colina arriba, el número de pasos por respiración cambiará. Siempre sigue la necesidad de tus pulmones.

Cuando estás solo, quizá quieras practicar andar despacio, dar un paso cuando inhalas y otro paso cuando exhalas. Enfoca tu atención en la suela de tu zapato y llega completamente en cada paso. Cuando andas en un parque o en tu vecindario, puedes hacerlo de manera que los demás ni siquiera se den cuenta de que estás practicando. Si encuentras a alguien en el camino, solamente sonríe y continúa tu caminata.

Podemos andar sobre el planeta con tanto respeto y reverencia como lo haríamos en cualquier espacio sagrado. Pasos como éstos tienen el poder de salvar nuestra vida, rescatarnos del estado de alienación en que vivimos y reconectarnos con nosotros mismos y con la tierra. Media sonrisa traerá calma y deleite a nuestros pasos y a tu respiración y ayuda a mantener la atención.

Momento presente, momento maravilloso

Nuestra respiración es la liga entre nuestro cuerpo y mente. Algunas veces nuestra mente piensa alguna cosa y nuestro cuerpo está haciendo otra y el cuerpo y la mente no están unidos. Cuando nos concentramos en la respiración, traemos de vuelta la mente al cuerpo y así nos volvemos íntegros de nuevo.

Respirar es una alegría que no puedo perderme. Cada día practico la respiración consciente. He escrito en caligrafía la oración «Respira, estás vivo» y está colgada en la pared de mi pequeño cuarto de meditación. Sólo respirar y sonreír nos hace felices, porque la respiración es consciencia, nos recuperamos a nosotros mismos por completo y encontramos la vida en el momento presente. En nuestra sociedad tan ocupada, es una gran fortuna practicar la respiración consciente de vez en cuando. Podemos hacerlo donde sea que nos encontremos, a cualquier hora del día. Para ayudarnos, podemos recitar estas cuatro líneas, mientras inhalamos y exhalamos:

> Inhalando, calmo mi cuerpo.
> Exhalando, sonrío.
> Estando en el momento presente,
> sé que es ¡un momento maravilloso!

«Inhalando, calmo mi cuerpo». Recitar esta línea es como beber un vaso de agua fresca en un día caluroso, puedes sentir la frescura que permea tu cuerpo. Cuando inhalo, recito esta línea y realmente siento que mi respiración calma mi cuerpo y mi mente.

«Exhalando, sonrío». Tú sabes que una sonrisa puede relajar cientos de músculos en tu cara. Una sonrisa es una señal de que eres dueño de ti.

«Vivir en el momento presente».

Mientras estoy sentado aquí, no pienso en otra cosa. Sé exactamente dónde estoy.

«Sé que es un momento maravilloso». Es una alegría sentarse estable y en calma y volver a tu respiración y tu sonrisa, nuestra verdadera naturaleza. Nuestra cita con la vida es en el momento presente. Si no tenemos paz y alegría ahora mismo, ¿cuándo tendremos paz y alegría? ¿Qué es lo que nos impide ser felices ahora mismo? Siguiendo nuestra respiración conscientemente, podemos decir en silencio,

> Calmando.
>
> Sonriendo.
>
> Momento presente.
>
> Momento maravilloso.

Relajación profunda

La práctica de la relajación profunda es una forma de reconocer, mitigar y sanar nuestro cuerpo y mente. Cuando tu cuerpo está en calma y relajado, tu mente estará también en paz. Puedes guiarte y puedes guiar a otros en el ejercicio de la relajación profunda. El ejercicio completo tomará treinta minutos, pero cinco o diez minutos de relajación profunda durante un descanso en el día relajarán tu cuerpo y mente. Es importante hacer una relajación profunda cada día.

Acuéstate boca arriba (o siéntate en una silla). Cierra tus ojos. Deja que tus brazos descansen a tus costados o sobre tu cuerpo. Inhalando y exhalando, siente tu abdomen subir y bajar cuando inhalas y exhalas. Ahora empieza a observar y soltar la tensión del cuerpo. Nos hacemos conscientes de cada parte de nuestro cuerpo, de la cabeza a la punta de los pies y damos amor y relajación a cada parte. Por ejemplo, «Inhalando, estoy consciente de mis ojos. Exhalando, sonrío a mis ojos con gratitud y amor». Continúa inhalando y exhalando mientras cuidas de tus ojos. «Inhalando, estoy consciente de mis hombros. Exhalando, dejo que la tensión fluya al suelo. Inhalando, estoy consciente de mi corazón. Exhalando, sonrío a mi corazón con amor. Mi corazón es esencial para mi bienestar. Mi corazón trabaja sin detenerse, nutriendo las células de mi cuerpo. Agradezco a mi corazón, y aun así, he hecho cosas que lo dañan. No he sido amable con mi corazón». Este tipo de visión profunda puede transformar y sanar. Trae tu atención a todos tus órganos, a todas las partes de tu cuerpo de igual manera. Si hay un lugar que no está bien o tiene dolor, mándale tu amor, sonríe y permítele descansar.

Hazte consciente de que hay otras partes en tu cuerpo, todavía fuertes y sanas que pueden ayudar y apoyar a sanar al área débil.

Cuando hayas terminado de escanear tu cuerpo, inhala y exhala y disfruta la sensación de todo tu cuerpo relajado y en calma. Sonríe a todo tu cuerpo y mándale amor y compasión. Para terminar, despacio, haz estiramientos y abre tus ojos. Tómate el tiempo necesario para volver a la posición sentada y luego ponte de pie gentil y lentamente.